coleção primeiros passos 303

Margaret Marchiori Bakos

O QUE SÃO
HIEROGLIFOS

2ª edição ampliada
2009

editora brasiliense

copyright © by Margaret Marchiori Bakos
Nenhuma parte desta publicação pode ser gravada,
armazenada em sistemas eletrônicos, fotocopiada,
reproduzida por meios mecânicos ou outros quaisquer
sem autorização prévia do editor.

2ª edição ampliada, 2009

Conselho editorial *Danda Prado*
Cleide Almeida

Coordenação editorial: *Alice Kobayashi*
Coordenação de produção: *Roseli Said*
Capa, projeto gráfico e diagramação: *Iago Sartini*
Preparação de texto: *Rafael Leal*
Revisão: *Marcos Vinícius Toledo* e *Ricardo Miyake*
Fotografia da capa: *a palavra "escriba" gravada no Templo de Edfu*
Fotografias e imagens: *acervo da autora*

Dados Internacionais de Catalogação na Publicação (CIP)
(Câmara Brasileira do Livro, SP, Brasil)

Bakos, Margaret Marchiori
  O que são hieroglifos / Margaret Marchiori
Bakos. -- 2. ed. ampl. -- São Paulo : Brasiliense,
2009. -- (Coleção primeiros passos ; 303)

  ISBN 978-85-11-00136-5

  1. Hieroglifo I. Título. II. Série.

09-06451   CDD-491.998

Índices para catálogo sistemático:
1. Hieroglifo : Escrita antiga   491.998

editora e livraria brasiliense
Rua Mourato Coelho, 111 – Pinheiros
CEP 05417-010 – São Paulo – SP
www.editorabrasiliense.com.br

SUMÁRIO

Introdução 7
I – Fundamentos da mais bela escrita do mundo 11
II – Decifração e deslumbramento 22
III – Normas e técnicas dos escribas 31
IV – Moral e erotismo em prosa e verso 44
Indicações para leitura 53
Apêndice 55
   Quadro 1 - Caracteres 57
   Quadro 2 - Composição 61
   Quadro 3 - Nome dos faraós 63
   Quadro 4 - Gramática 65
   Quadro 5 - Números cardinais 67
   Quadro 6 - Sentido da leitura 68
Caderno de imagens 69
Sobre a autora 87

A Vivien Raisman,
que me apresentou
os hieroglifos.

INTRODUÇÃO

Hieroglifo é a denominação dada, pelos gregos, à escrita dos antigos egípcios. Significa literalmente "escrita sagrada", pois os gregos primeiramente viram esses sinais nas paredes dos templos e dos prédios públicos.

Por volta de 3000 a.C., os antigos egípcios começaram a usar a escrita pictográfica, a qual atingiu o seu feitio definitivo nos inícios do Antigo Reino, aproximadamente no ano de 2700 a.C.

A escrita pictográfica, ou seja, a que utiliza como letras representações simples da realidade, é oriunda da Mesopotâmia. E foi, provavelmente, a maior contribuição que o Egito recebeu do exterior.

A grafia, no vale do rio Nilo, sofreu um desenvolvimento diferente daquele ocorrido ao longo dos rios Tigre e Eufrates. Enquanto os sinais hieroglíficos reproduzem exatamente a ilustração dos objetos a que se referiam, a escrita pictográfica dos mesopotâmicos, por meio dos caracteres cuneiformes, usava símbolos abstratos.

Houve divergências também quanto ao uso da escrita. Os mesopotâmicos empregaram a grafia na administração pública, ao passo que os egípcios, inicialmente, se preocuparam em torná-la um complemento da arte, depois uma forma de registro.

A partir dos hieroglifos, os egípcios criaram duas outras formas de grafia, mais fáceis e rápidas de serem manuscritas, que chamamos de *cursivas*. Elas foram denominadas, pelos gregos, *hierática* e *demótica*, significando, respectivamente, a escrita dos sacerdotes e a do povo.

Os hieroglifos e as novas grafias foram consideradas idólatras e abandonadas ao redor do século IV d.C. A partir de então, a língua egípcia somente foi registrada sob nova forma de escrita: a *copta*, composta basicamente por letras gregas e sete adicionais, trazidas da escrita demótica. Assim, podemos dizer que existe uma língua e uma escrita coptas e que nunca existiu uma língua hieroglífica.

Entre os séculos V e XIX, os viajantes e exploradores do Egito admiravam a beleza e o exotismo dos hieroglifos. Esses sinais somente deixaram de ser coisas excêntricas, de despertarem curiosidade científica, quando o Egito foi conquistado pelos europeus, em pleno período contemporâneo.

Ingleses e franceses, ainda hoje, disputam a primazia quanto à valorização e ao incentivo dado à decifração da escrita hieroglífica. Eles pressentiam que, além de decorativa, a escrita constituía fonte de conhecimento histórico.

A importância histórica da decifração dessas grafias justifica as querelas e os vedetismos. O seu marco fundamental foi a leitura, por Jean-François Champollion, das inscrições, em hieroglifo, *demótico* e *grego*, na pedra de Rosetta. Tal fato levou à criação da egiptologia moderna.

Proponho, neste livro, descortinar um pouco, do muito que já sabemos, do antigo Egito, graças ao resgate dessa importante matéria-prima histórica: a *escrita hieroglífica*.

O roteiro é formado por quatro capítulos:

I – Fundamentos da mais bela escrita do mundo
II – Decifração e deslumbramento
III – Normas e técnicas dos escribas
IV – Moral e erotismo em prosa e verso

No primeiro capítulo, focamos o momento de transição entre a escrita pictográfica e a hieroglífica. Nele, estão expostos os símbolos denominados *alfabéticos*, alguns outros sinais fonéticos, alguns ideogramas e determinativos dessa escrita e as principais orientações para a sua leitura.

No segundo, explicamos o processo usado para entender essa grafia, os rudimentos de um aprendizado, e analisamos a difusão, pelo mundo, dessa cultura. Destacamos o papel do italiano Belzoni, um dos responsáveis pela vinda ao ocidente de peças que compõem a coleção egípcia do Museu Nacional do Rio de Janeiro.

No terceiro, recuperamos, por meio da análise da atividade dos escribas, fatos da vida diária dos antigos egípcios, tais como o regime de estudo e de trabalho daquela gente.

No último, analisamos os diferentes tipos e gêneros literários dos antigos egípcios. Além dos anais e de outros documentos oficiais, as narrativas e as poesias ajudam-nos a resgatar sensações daquela época, especialmente quando a escrita usada é a mais bela e simbólica do mundo.

FUNDAMENTOS DA MAIS BELA ESCRITA DO MUNDO

Neste capítulo, vamos examinar o período de transição entre a escrita pictográfica e a hieroglífica, com a formação de seu complexo e numeroso grupo de sinais. Essa passagem deve ter ocorrido em um período, relativamente curto, de não mais de três gerações, pois a pictográfica adotada pelos antigos egípcios em cerca de 3000 a.C., já em aproximadamente 2700 a.C. dera lugar a inscrições hieroglíficas precisas na III dinastia, do rei Djoser. Esse faraó é conhecido como o construtor da pirâmide escalonada, no cemitério de Saqqara, próximo à mais antiga capital do Egito, Mênfis.

As inscrições egípcias em hieroglifos, feitas há cinco milênios, pertencem a uma fase remota da história linguística da humanidade. Foram as primeiras grafias na família de línguas hamito-semíticas.

O estudo da escrita dos egípcios antigos é fascinante e complexo. Eles inventaram, além da hieroglífica, mais outras três grafias: a *hierática*, a *demótica* e a *cóptica*.

A hieroglífica, com sua mistura de sons e de imagens, é considerada a mais bela entre todas as escritas. Pelo seu efeito decorativo, os hieroglifos foram sempre admirados, apesar do desconhecimento sobre o significado histórico dos textos que compunham. Mesmo em desuso há séculos, ela possui três características muito especiais que a tornam sedutora e instigam seu estudo na atualidade.

A primeira característica é relativa à *natureza* dos seus elementos, que são constituídos por imagens. A segunda e a terceira dizem respeito à *estrutura do sistema* hieroglífico.

Podemos entender e valorizar melhor as peculiaridades da escrita hieroglífica, se fizermos uma comparação entre ela e a nossa grafia. Sabemos que ambas derivaram da forma pictográfica de escrever, ou seja, daquela em que as figuras representavam exatamente o que elas mostravam. Se, de um lado, a nossa escrita resulta de um milenar processo de abstração, a hieroglífica, por sua vez, testemunha as etapas iniciais dessa passagem.

Verificamos que a escrita hieroglífica consistiu da combinação de imagens representativas de ideias – os pictogramas – e de imagens representativas de sons – os fonéticos. Já o alfabeto romano, oriundo da etapa final do processo, é composto por apenas um tipo de sinal: as letras, que representam unicamente os sons convencionados para cada uma.

Vimos assim que, quanto à *natureza*, a peculiaridade da *escrita hieroglífica* é o emprego de figuras, em lugar de símbolos apenas, como as letras.

No que se refere à estrutura do sistema, as diferenças entre as duas escritas são fáceis de entender, se refletirmos sobre o processo de abstração, que consiste na separação entre o som e a imagem. O processo permitiu a transformação da escrita pictográfica, que utiliza representações simples da realidade como letras, em uma grafia parcialmente fonética, a hieroglífica.

Por meio desse processo, os antigos egípcios foram elegendo imagens para representar, na escrita, os sons da linguagem falada. Nessa marcha, eles fizeram raciocínios semelhantes aos que exercitamos para escrever uma "carta enigmática", isto é, ao uso de uma ou mais imagens para significar um som e não o próprio objeto que elas representam. Assim, em português, a palavra "casamento" pode ser entendida pelas figuras de uma "casa" e de um "mento" (parte inferior do rosto).

Exemplificando, a imagem de uma "boca", na escrita pictográfica, representava apenas essa parte do rosto e era pronunciada como tal: "r" – "a boca". Sem que ninguém possa dizer exatamente quando, nem como, essa imagem passou a indicar também o som essencial e primevo do vocábulo. E a figura da "boca" passou a ser lida com um som previamente conhecido e divulgado na comunidade: "r", e que equivale à nossa letra "r" (quadro 1).

Esse exemplo, da língua egípcia, que elucida a criação e a natureza de um sinal de escrita para o som correspondente ao do nosso "r", encaminha para as duas características relativas à estrutura do sistema da grafia hieroglífica.

Trata-se, em primeiro lugar, da primeira característica dos hieroglifos: o duplo poder que as imagens conservaram. De um lado, mostrar a si mesmas; de outro, representar um ou mais sons. Através da imagem de uma "boca", demonstramos como um hieroglifo pode representar dois papéis na composição de um texto: o sinal fonético "r" e o ideograma, sinal gráfico que representa diretamente uma ideia: a própria imagem de uma "boca", que será lida com o mesmo som "r" marcante.

A segunda característica estrutural, e instigante, dessa escrita é a maneira variada de usar os hieroglifos: como *fonogramas*, significando um, dois ou três sons; como *ideogramas,* que podiam representar tanto sons como imagens; e como *determinativos,* que não podiam ser pronunciados, pois simbolizavam apenas a figura que apresentavam.

Para o egiptólogo, o desafio é tentar explicitar as diferenças existentes entre os usos dos sinais. Para esse objetivo, lembramos que, assim como nas escritas hebraica, fenícia e arábica, também na egípcia não se indicam vogais. Em todas essas línguas, as vogais são usadas apenas na linguagem falada, e não têm registro na escrita. O conjunto de consoantes forma as raízes de cada palavra na escrita; as vogais só são acrescentadas quando a palavra é verbalizada.

Como os escribas não escreviam as vogais, surgiram muitas dificuldades em casos de palavras homógrafas, ou seja, que têm a mesma grafia, porém significados diferentes. Isso é facilmente demonstrado se exemplificarmos com o português: sem o emprego de vogais, nós não sabemos quando as letras "s + m" significam "sim", "sem" ou "som". Nem quando as consoantes "s + l" representam a grafia de "sal", "sul" ou "sol".

Outro exemplo: a palavra "céu" era escrita foneticamente com os sons equivalentes às letras "p" + "t" e geralmente era seguida pelo determinativo de "céu", fazendo um conjunto (quadro 2). Mas como são pronunciadas: "opet", "apet", "pot", "pat"? Dificilmente algum dia saberemos responder com certeza a essas questões.

Para diferenciar as palavras com a mesma grafia, as homógrafas, os antigos egípcios desenvolveram os sinais *ideográficos* e os *determinativos*, que foram tornando a estrutura do sistema cada vez mais complexa.

Os sinais, denominados *ideogramas* ou *ideográficos*, são aqueles que representam diretamente uma ideia. Para a grafia hieroglífica, serve o exemplo dado da figura de uma "boca", e, para a nossa, os algarismos e certos sinais de trânsito.

A cada ideograma corresponde uma palavra. É importante lembrar, como já mostramos, que um ideograma pode ser usado simplesmente para complementar e ilustrar um vocábulo, já expressado foneticamente, pelos fonogramas.

Muito frequentemente um ideograma é marcado como tal por uma barra vertical (quadro 4). Assim, a imagem de uma boca com um traço deve significar o órgão propriamente dito: a "boca". Sem o traço, a mesma figura representa apenas o sinal fonético "r".

A maior diferença entre os ideogramas e os sinais determinativos, cuja existência apontamos acima, é que estes últimos são impronunciáveis, ou seja, apenas indicam um sentido para os fonogramas que os seguem.

Por exemplo, os egípcios usavam dois hieroglifos fonéticos, ambos uniliterais, para escrever a palavra "escriba", e ainda colocavam junto a figura desse trabalhador (quadro 2).

Para o conhecedor de hieroglifos, a figura do escriba não era necessária para o entendimento da palavra "escriba", no texto. O que provavelmente nunca foi motivo suficiente para excluir qualquer imagem, em redação. Nesses casos, os sinais pictográficos abandonavam o seu papel de ideogramas, pois deixavam de ser figuras com sons próprios, e desempenhavam a função dos sinais determinativos, que são complementos impronunciáveis da escrita.

Como já indicamos, o outro papel fundamental dos sinais "determinativos" era distinguir palavras homógrafas, ou seja, que possuíam a mesma grafia mas significados diferentes. Tais sinais estavam sempre localizados após o final das palavras escritas, pelos hieroglifos fonéticos. E serviam para indicar o sentido geral daquele conjunto de sinais que os precediam. Por não possuírem som, os determinativos nem sequer podiam ser pronunciados. Assim, é impossível saber como os egípcios pronunciavam suas palavras.

Podemos exemplificar isso na escrita egípcia com as expressões "estar estabelecido" e "sofrer", escritas da mesma maneira: "mn". Para distinguir uma da outra, era colocado um sinal determinativo.

Para o primeiro sentido, o símbolo necessário era um rolo de papiro fechado, objeto ligado à atividade do escriba, muito valorizada naquela sociedade.

Para o segundo, era colocado um pardal, ave usada para determinativo de coisa "ruim" ou de "sofrimento" (quadro 2).

Os determinativos também indicavam a categoria semântica das palavras, se verbos, substantivos ou adjetivos.

Quando era necessário mostrar uma ação como a de "caminhar", era colocada, como signo determinativo, a figura de pernas em movimento (quadro 2).

A ideia de violência sempre era determinada pela figura de um braço armado (quadro 2).

Os hieroglifos determinativos tinham ainda outro importante papel: indicar o final de uma palavra, frase e/ou período, pois não havia nenhum tipo de pontuação naquela escrita.

Existem centenas de determinativos que representam desde coisas cósmicas, como céu, terra, estrelas, incluindo figuras de seres humanos, animais, pássaros, peixes, edificações, barcos, plantas, até pequenos objetos da vida diária dos antigos egípcios.

Isto posto, sobre a sua estrutura, podemos retornar aos exemplos e demonstrar um pouco mais o processo formativo da escrita hieroglífica. Por meio dos mencionados procedimentos de abstração, os egípcios selecionaram um grande número de sinais para seus fonemas, ou seja, para simbolizarem, na escrita, os sons da linguagem falada. Denominamos *alfabético* um grupo de vinte e quatro fonogramas, todos consoantes, por terem um som correspondente e específico.

Para fins de transliteração, ou seja, para passar a escrita de símbolos hieroglíficos para os caracteres romanos, no correspondente vocábulo das línguas modernas, foi possível identificar, entre os primeiros sinais hieroglíficos, cinco consoantes fracas, que foram transliteradas com o som equivalente ao de "semivogais". São elas as figuras do abutre, do junco simples, do junco duplo, de mão e antebraço e a da codorna (quadro 1).

A listagem do quadro 1 mostra as imagens eleitas pelos antigos egípcios para simbolizar os sons básicos da sua língua, e o respectivo significado fonético, que se supõe serem representativos de cada signo. Indicamos ainda, ao lado de cada um, a letra do alfabeto latino que julgamos mais assemelhada ao som do hieroglifo.

Se existissem somente esses símbolos, tanto a leitura como a escrita hieroglífica seriam facílimas. Ser escriba exigiria apenas decorar essas imagens e seus significados fonéticos. Entretanto, os sacerdotes que utilizavam e ensinavam a arte dos hieroglifos inventaram, além desses, mais de setecentos outros fonogramas, chamados *silábicos*. Eram sinais fonéticos com dois ou mais sons, como o referido sinal que significa "céu" e que, foneticamente, tem os sons das letras " p + t" = "pt" (quadro 2).

Os sons expressos por esses símbolos poderiam ter sido escritos sem dificuldades se houvesse a união dos sinais fonéticos uniliterais, de uma letra só, os "alfabéticos". É o que acontece com o alfabeto latino, por exemplo, que pode ser usado para compor centenas de palavras diferentes, uma vez que, sabendo o alfabeto, podemos ler e escrever todas as palavras dele derivadas.

Na escrita hieroglífica, entretanto, não houve essa junção dos chamados signos alfabéticos. Os sinais silábicos foram criados como partes da própria estrutura da escrita. Podem ser divididos em três tipos, de acordo com os sons que representam: os alfabéticos, os silábicos biliterais e os triliterais. O hieroglifo anteriormente apresentado, que representa o céu, é do tipo silábico biliteral, ou seja, um sinal gráfico único que significa duas letras, formando uma sílaba: p-t. Da mesma forma, o hieroglifo que indica uma cidade, um círculo contendo uma cruz (quadro 4), é um sinal silábico triliteral, pois equivale a três letras: n-w-t.

Como o contexto em que a palavra está é um grande auxiliar da leitura, os egípcios antigos criaram os ideogramas e os sinais determinativos, anteriormente referidos, para dirigir o leitor ao entendimento visado. Possivelmente, eles não cogitaram saber se um grande número de determinativos "facilitaria" ou "dificultaria" a formação e o ofício de um escriba. Sem dúvida, essa questão é fruto de preocupações na atualidade...

Quanto à identificação do papel das figuras, apesar de não existirem regras rígidas, os escribas buscavam analisar dois aspectos nos textos. O primeiro é verificar a proporção da imagem em relação às demais: se ela é significativamente maior que as outras, isto quer dizer que, no texto, ela ocupa uma posição de destaque. Se a figura tem o mesmo tamanho do conjunto, é provável que seja simplesmente uma parte do texto, ou seja, um sinal fonético ou uma palavra inteira de duas ou de três sílabas.

O segundo é observar a densidade da composição de hieroglifos. Enquanto as figuras que são representações das próprias imagens destacam-se no texto por deixarem espaços em branco, os hieroglifos que representam sons são escritos uns ao lado dos outros, formando um texto bem compacto.

Além disso, os hieroglifos podiam ser lidos da direita para a esquerda, da esquerda para a direita e também verticalmente, de acordo com a composição da figura, com as cabeças sempre voltadas ao início da frase (quadro 6). Finalmente, aumentando a confusão, os escribas podiam escrever hieroglifos que nada tinham a ver com o texto, com a finalidade apenas de torná-lo mais belo visualmente.

Não se admira que somente os sacerdotes e alguns escribas pudessem dominar perfeitamente essa escrita com tantos caracteres e tão poucas regras.

Além dos hieroglifos decorativos em templos, palácios, tumbas e objetos de arte, da vida diária e funerários, uma forma cursiva desses signos foi geralmente empregada para escrever em papiros. Os gregos denominaram-na *hierática*, escrita dos sacerdotes, porque era usada para os textos de cunho religioso. Ela é mais rápida e mais livre que a hieroglífica. A diferença entre elas pode ser comparada à existente entre a nossa escrita à máquina e o texto manuscrito.

Havia ainda um terceiro tipo de grafia, denominada *demótica* pelos gregos, ou "a escrita do povo". Era a escrita egípcia de uso mais comum, constituída pela simplificação da hierática e com ligações entre os símbolos, que nesta não havia.

A partir de 332 a.C., com a conquista do Egito por Alexandre da Macedônia, a língua grega foi sendo imposta na região. Os egípcios continuaram a falar sua própria língua, mas cada vez menos, porque toda a atividade administrativa e pública passou a ser falada e escrita em grego.

Conforme se passaram os séculos e as gerações, a antiga língua egípcia foi-se modificando. Os falantes, para facilitar o registro linguístico, adotaram o alfabeto grego e sete caracteres da escrita demótica. Tanto a nova linguagem como a escrita foram denominadas *copta*, derivada da palavra grega *Aiguptios*. O termo também designa, atualmente, os adeptos da religião cristã, no Egito.

A escrita copta foi a última forma de grafia da língua do antigo Egito. Ela sobreviveu aos períodos de dominação grega, romana, bizantina e árabe, enquanto as outras grafias – a hieroglífica, a hierática e a demótica – foram abandonadas.

Essa supervivência da escrita e da língua copta possibilitou a decifração daquelas escritas mortas: este é o tema do próximo capítulo.

DECIFRAÇÃO E DESLUMBRAMENTO

Neste capítulo, vamos percorrer a história dos hieroglifos, desde o momento da sua criação pelos antigos egípcios, passando pelo seu abandono, até a proibição do seu uso. Para finalizar, explicaremos o processo de decifração dos hieroglifos, após dezesseis séculos de esquecimento, a egiptomania que essa descoberta provocou, e a situação na atualidade.

Os inícios da escrita pictográfica estão nos tempos pré-históricos, quando a população do Egito estava dividida em grupos tribais. Ao redor de 3000 a.C., dois fatos importantes aconteceram. O primeiro foi a conquista do Baixo Egito por Narmer – o rei do Alto Egito –, que então uniu as "Duas Terras" sob um único governante. O segundo foi o registro desse fato, pelos contemporâneos, por meio da escrita hieroglífica.

De acordo com Manethon, um escriba egípcio do século III a.C., a Narmer seguiram-se centenas de reis, que formaram trinta dinastias, no decorrer de três mil anos. É possível, com fins didáticos, dividir esse período histórico de longa duração, como segue:

- Período Arcaico (3100-2650 a.C.) – Dinastias I e II
- Velho Reino (2650-2134 a.C.) – Dinastias III a VI
- Primeiro Período Intermediário (2134-2040 a.C.)
  – Dinastias VII a X
- Médio Reino (2040-1640 a.C.) – Dinastias XI a XIII
- Segundo Período Intermediário (1640-1550 a.C.)
  – Dinastias XIV a XVII
- Novo Reino (1550-1070 a.C.) – Dinastias XVIII a XX
- Terceiro Período Intermediário (1070-712 a.C.)
  – Dinastias XXI a XXIV
- Período Tardio (712-332 a.C.) – Dinastias XXV a XXX
- Período Greco-Romano (332 a.C.-395 d.C.)

(Fonte: C. Hobson, *The world of the Pharaohs*. London: Thames and Hudson, 1987.)

A partir do Período Arcaico, a escrita hieroglífica serviu para o registro de fatos políticos, administrativos, temas literários e até mesmo para a correspondência pessoal entre os letrados. Ao longo dos séculos, eles desenvolveram as formas cursivas dessa grafia: a *hierática* e a *demótica*. Apesar de a escrita mais conhecida desse período, e por isso a mais internacional, ser a dos cuneiformes mesopotâmicos, documentos com diferentes tipos de escrita egípcios são encontrados fora do Egito.

Foi durante o Período Tardio, em 332 a.C., que Alexandre, o Grande, da Macedônia conquistou o Egito, tendo como seguidor Ptolomeu, seu general e seus descendentes. Esses governantes helênicos, conhecidos como ptolomaicos, foram impondo a língua e a escrita grega aos seus súditos. Os egípcios mais apegados às suas tradições desenvolveram a *copta*, uma forma nova de se comunicar oralmente e por escrito, na qual se misturavam os sons semíticos, dos seus antepassados, com os sons indo-europeus, trazidos pela dominação grega. Aos caracteres da escrita grega, acrescentaram sete novos sinais para incluir sons inexistentes na língua grega.

A dinastia ptolomaica foi vencida e substituída, no trono faraônico, pelos romanos, três séculos depois. A batalha de Actium (31 a.C.), definiu a vitória das forças bélicas de Augusto sobre as da rainha Cleópatra VII e de Marco Antonio. A longo prazo, esse fato contribuiu para o completo esquecimento dos hieroglifos.

Cartucho Cleópatra VII em Komb Ombo

No decorrer do período bizantino e com a conquista do Egito pelos árabes muçulmanos, no século VII d.C., as escritas hieroglífica, hierática, demótica e até mesmo a copta caíram em profundo desuso. Apenas esta última e sua forma linguística sobreviveram em um pequeno grupo de cristãos, que a utilizavam nas cerimônias religiosas.

Desde então, e até os anos finais do século XVIII, as informações sobre o Egito antigo eram resgatadas de fontes bíblicas, gregas ou latinas. Os hieroglifos fascinavam os turistas e os sábios que visitavam a terra do Nilo e muitos se dedicaram a copiar, por horas a fio, as imagens gravadas em pedras, sem entenderem o que significavam.

Em 1643, o padre Athanasius Kircher foi o primeiro europeu a identificar a copta como a escrita derivada da língua popular dos antigos egípcios. Apesar de suas teorias não terem boa aceitação, ele conseguiu publicar um dicionário e uma gramática copta, essencial para os egiptólogos.

A partida para os estudos egiptológicos foi dada pela expedição napoleônica no Egito (1798-1801), que levou a uma redescoberta do país e consequentemente ao nascimento de uma nova disciplina. O encontro da pedra de Rosetta, em 1799, por oficiais franceses, determinou o início de uma pesquisa sistemática, de cunho internacional, sobre as antigas grafias egípcias.

Essa lousa de basalto exibia 14 linhas na escrita hieroglífica, 32 na demótica e 54 na grega. Pela última, os estudiosos souberam que se tratava de um decreto dos sacerdotes da cidade de Mênfis, para assinalar a coroação de Ptolomeu V, em 196 d.C. Eles imaginaram que as outras escritas versavam sobre o mesmo texto e fizeram cópias das inscrições para os estudiosos de diversas nacionalidades. A esperança era resgatar a compreensão das escritas hieroglífica e demótica por meio da comparação com a grega.

Podemos citar quatro sábios, entre muitos outros, que, nessa fase da pesquisa, contribuíram decisivamente para a decifração dos hieroglifos. O primeiro foi Guignes, francês, que reconheceu os sinais determinativos, isto é, que indicavam o significado de um grupo de imagens.

O segundo, Zoëga, escandinavo, concluiu que muitos hieroglifos representavam letras de um alfabeto e que os cartuchos, contornos ovais alongados que apareciam nos textos, continham nomes reais. O terceiro, Akerblad, sueco, comparou os textos em grego e demótico na pedra de Rosetta e, dessa forma, conseguiu identificar os nomes próprios em ambos e compor um alfabeto demótico, em 1802.

O último, Thomas Young, inglês, comprovou, em 1814, que alguns sinais da escrita demótica eram alfabéticos e outros não, e que essa grafia estava intimamente ligada com a hieroglífica. Young conseguiu organizar um vocabulário grego-demótico de 85 grupos de palavras.

Coube a Jean-François Champollion, filólogo, profundo conhecedor da escrita e da linguagem copta, além de outras línguas orientais e do Ocidente, como o árabe e o grego, decifrar o enigma dos hieroglifos.

Apaixonado pelo Egito desde pequeno, Champollion certamente passou incontáveis momentos debruçado sobre a cópia da pedra de Rosetta, desde que a obteve, em 1808. Podemos sintetizar o seu empenho e os resultados de seu dedicado estudo em algumas etapas fundamentais.

Ele sabia, por Akerblad, que os *shenou*, denominação dos egípcios para a palavra "cartucho", dos textos, na escrita demótica e na grega, continham o nome de Ptolomeu. Ele identificou os hieroglifos no cartucho existente, na sexta linha, alfabeticamente, isto é, separou as imagens como se fossem letras, leu o conjunto da direita para a esquerda, como se faz com a escrita demótica, e concluiu que estava escrito o nome do mesmo rei.

Champollion fez estudo comparativo semelhante com o outro cartucho, presente nos três textos, lendo em todos o nome de Cleópatra (quadro 3).

O sábio conseguiu utilizar esse método em dezenas de outras inscrições. Em poucos meses, ele tinha transliterado centenas de cartuchos. Um de seus exercícios foi feito com o cartucho que continha o nome de Tutmés (quadro 3).

Ele sabia que o passarinho, à esquerda do *shenou*, era Íbis, símbolo de Thoth, o deus que ensinou a escrita hieroglífica para os egípcios. A essa imagem seguiam-se dois sinais que Champollion reconhecia como os valores fonéticos de "m" e "s", respectivamente. Ele concluiu que o grupo de hieroglifos referia-se ao nome do Faraó Thoth-m-s, em português: Tutmés.

Em 1824, Champollion publicou os resultados de sua pesquisa, sem agradecer ou mesmo referenciar os trabalhos em que se inspirara. Como alguns dos faraós, ele parece ter buscado a imortalidade para si apenas. Não obstante, o seu trabalho foi continuado por muitos pesquisadores anônimos, após a sua prematura morte, em 1832.

A decifração dos hieroglifos e a presença francesa no Egito, que enfraqueceu as severas restrições contra os estrangeiros, contribuíram para a criação de uma verdadeira "egiptomania" quando as guerras napoleônicas terminaram, em 1815.

Tornou-se elegante possuir objetos egípcios e decorar as moradias com eles, o que desencadeou a vinda de antiguidades de inestimável valor histórico do Oriente para o Ocidente.

A região nilótica atraiu turistas ingênuos, ávidos apenas por sentir o exotismo daquela gente, presente nas comidas, nas vestes e majestosamente manifesto na arquitetura remanescente dos gloriosos governos faraônicos. Incitou ainda a vinda de arqueólogos, historiadores, filologistas e, naturalmente, aventureiros, que pretendiam enriquecer com o comércio de antiguidades.

Giovanni Battista Belzoni nasceu na Itália, viveu na Inglaterra e viajou muito pela Europa durante sua juventude. Em 1812, aos quarenta anos, com formação em engenharia hidráulica e com a altura colossal de cerca de dois metros, foi para o Egito, levando Sarah, sua mulher.

Após sofrer forte depressão no Cairo, onde uma praga assolava a população, e de escrever queixando-se das condições miseráveis de vida no Egito, Belzoni iniciou a atividade que mudaria sua vida e o futuro da egiptologia.

Considerado saqueador por alguns, Belzoni é louvado por outros tantos. Ele conseguiu descobrir o caminho secreto que levava ao interior da pirâmide de Quéfren, vencendo, nesse intento, Bernardino Drovetti, cônsul francês no Egito e também um negociante de antiguidades. Belzoni alcançou, na sua atividade, os píncaros da fama pelo registro de que as suas aquisições formam a base da coleção egípcia do Museu Britânico, uma das maiores e mais qualificadas do mundo ocidental.

Nós, brasileiros, também temos uma dívida para com Belzoni.

Sem dúvida, as cabeças coroadas do Velho Mundo foram as principais responsáveis pela dilapidação do patrimônio egípcio e pela formação dos acervos europeus. A família real portuguesa incentivou no Brasil, como acontecia na Europa, a difusão dos conhecimentos adquiridos sobre a civilização egípcia.

Pela conjuntura histórica do século XIX, o Brasil, a despeito de ser um país do Novo Mundo, tornou-se o herdeiro dessa tradição, importada do velho continente pela família Orleans e Bragança.

Grande parte da coleção egípcia do Museu Nacional foi comprada em hasta pública, em 1824, por S. M. o imperador d. Pedro I, do italiano Fiengo, que planejara vender tais peças na Argentina, mas não fora bem-sucedido. Esse mercador de obras históricas parece ter comerciado, segundo pesquisas de Kenneth Kitchen, renomado egiptólogo inglês, peças que Belzoni trouxera do Egito.

Em 1876, d. Pedro II, em uma de suas visitas ao Egito, foi presenteado, pelo khedive Ismael, com um sarcófago da época Saíta. Alguns outros objetos foram ou doações ou trocas de várias pessoas, ao final do século XX e no início do XXI. A partir de então, a coleção não aumentou mais.

Visitando o Brasil em 1985, Kenneth Kitchen teve a oportunidade de conhecer esse acervo. No prefácio de seu catálogo, escreve que ela é provavelmente a mais antiga e importante da América do Sul.

A presença daqueles seres do antigo Egito e de seus pertences pessoais neste país, distantes do espaço nilótico, mumificados, catalogados, demonstra, por um lado, a nossa transitória existência nesta vida. Por outro, representa a importância da decifração da escrita hieroglífica para resgatar e compreender os sentimentos, valores e receios daquelas pessoas.

III
Normas e técnicas dos escribas

Neste capítulo, vamos resgatar o ofício do escriba e buscar entender o significado dessa atividade no Egito antigo.

O escriba era, sem dúvida, um dos profissionais mais valorizados daquela sociedade, indispensável anotador de dados e de procedimentos rotineiros administrativos. Elemento fundamental nos momentos excepcionais, como nascimentos, enterramentos, festas religiosas, reais e populares, quando o registro representava a imortalização de momentos e de pessoas.

Para entendermos o relevante papel social que cabia ao escriba, é importante salientar duas ideias, criadas pelos antigos egípcios para explicar fenômenos incompreensíveis para eles, ou seja, ideias que traduziam sua visão mítica do mundo.

A primeira diz respeito à própria formação do universo. Eles confiavam que o mundo fora criado quando os deuses individualizaram e designaram seres e coisas. Em síntese, pela palavra divina tudo passou a existir, e surgiu do caos inicial o universo material e concreto.

A segunda refere-se ao surgimento da escrita. Eles não entendiam o aparecimento e o uso dos hieróglifos no Egito como um processo de conhecimento adquirido dos mesopotâmicos, como hoje fazemos. Acreditavam que, nos primórdios do mundo egípcio, o deus Thoth, "Senhor do Céu", ensinara os hieróglifos para os humanos.

O mito, de Heliópolis, conta que "no começo" não existia nada, somente Nun, o oceano primordial, no qual surgiu uma montanha e, nela, o deus Atum, o completo e autocriado. Do seu sêmen ele criou o deus Shu, a atmosfera, e uma mulher, a deusa Tefnut, a umidade, e o casal deu à luz Geb, a terra, e Nut, o céu, que se tornaram pais de Osíris e sua mulher, e de Seth e sua mulher, Néftis. Atum e seus novos descendentes formaram a Grande Enéade de Heliópolis.

O foco do conflito do mito eram os dois irmãos, Osíris e Seth. Da rivalidade deles, inicia-se uma longa luta pelo lugar mais importante na família de deuses e no panteão egípcio.

Seth tinha inveja de todas as criações de Osíris, relacionadas basicamente com a produção agrícola. Ele assassinou o irmão e desmembrou seu corpo, espalhando as diversas partes pelo Egito. Entretanto, sua irmã, e esposa de Osíris, Ísis, conseguiu reconstituir o corpo do marido e dele conceber um filho – Hórus. Em uma variedade de episódios, Hórus cresceu, lutou com o seu tio e terminou por vencer, sendo escolhido por um tribunal de deuses para governar o Egito.

De acordo com uma versão desse mito, Thot nasceu de um ato de vingança de Ísis contra o seu irmão Seth, em um dos tantos episódios da luta pelo poder no Egito, que se seguiu ao assassinato de Osíris.

Segundo esse longo relato mitológico, Seth, um dia, teria tentado, em vão, seduzir o sobrinho. Informada desse fato pelo magoado Hórus, indignada com a tentativa de Seth de aliciar seu filho, Ísis teria esparramado semens de Hórus nas alfaces que Seth cultivava para seu próprio repasto. E Seth teria engravidado do sobrinho ao comer as hortaliças. Thot, então, concebido por esse ato mágico, foi gestado na cabeça de Seth e dali expelido algum tempo depois, de forma violenta.

Duas coisas são remarcáveis nesse relato para o entendimento da natureza de Thot e do poder da escrita. De um lado, o fato de ele ter sido gerado em Seth, o deus invejoso e vingativo. De outro, o de ter sido criado a partir de semens de Hórus, o deus Sol, o mais importante de todos. Isso explicaria por que a escrita, invenção extraordinária, podia ser usada tanto para o bem como para o mal dos seus criadores. Fazia compreensível também o lado mau, impiedoso, de Thot, que quando se tratava de castigar mentirosos, decapitava-os, extraindo os seus corações.

Entretanto, a indicação mais pontual com relação ao papel de Thot junto aos homens, no mito de Heliópolis, mostra-o como um deus conciliador, que trouxe a ordem por meio da escrita, que permitia os registros. Por tal explicação, ele foi considerado o grande mestre na arte da comunicação gráfica, patrono dos escribas e de todas as formas de conhecimento.

Thot foi referido ainda como o eterno defensor de Hórus – o portador da Maat, sabedoria, e representado sempre junto com ele nas paredes dos templos com imagens dos rituais de transmissão dos sinais de vida para o monarca que ficava posicionado entre as duas grandes divindades justiceiras do panteão egípcio.

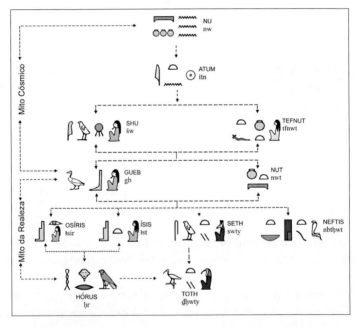

Assim, a importância da palavra era enorme para aqueles seres humanos. De um lado, por distinguir a humanidade de todo o contexto natural; de outro, por possuir uma origem divina. Nessa visão, escrever era repetir o ato da criação. Todo nome constituía a essência da coisa nomeada e quem o conhecesse tinha, por esse fato, um certo grau de poder sobre aquele ser. Pela palavra, garantia-se ainda a própria existência de pessoas, coisas e fatos.

Tais origens levam-nos a entender a escrita como um conhecimento exclusivo dos poucos eleitos para a atividade de escriba. Faz-nos ainda discutir se esse ofício, além de um longo período de preparação prévia, ainda exigia, por parte dos seus trabalhadores, uma ética, ou seja, uma qualificação do ponto de vista do bem e do mal.

Isso porque Thoth era conhecido como o "Ser do Silêncio", deus que adorava a verdade e odiava a malvadez.

O entendimento resgatado pela decifração dos textos deixados responde a tais questões. A atividade do escriba é, hoje, a que melhor conhecemos. Para começar, os hieroglifos que significam a palavra "escrever" representam o equipamento básico dos escribas: uma caixa ou paleta com dois recipientes para as tintas preta e vermelha, a cinta para levá-los nos ombros, pequenos pedaços de juncos para usar como espécie de pincéis, e um pote de água.

Em egípcio, o som desse conjunto de objetos era *sesh*. Além disso, esses hieroglifos, seguidos de um símbolo determinativo de uma figura humana masculina que, por ser um determinativo, não era pronunciado, designavam o escriba. E significava literalmente: "aquele que escreve".

O mesmo grupo de hieroglifos, seguidos por uma imagem de um rolo de papiros, símbolo egípcio para coisas abstratas, significava "escrever" ou "pintar", e a verbalização era a mesma: sš.

Vemos que a grafia e a arte eram, para os antigos egípcios, aspectos de um mesmo oficio (quadro 2).

No Velho Reino, cada escriba, individualmente, ensinava o seu sucessor, em geral seu próprio filho. A partir do Primeiro Período Intermediário, há evidências de grupos sendo preparados para esse oficio. Já no decorrer do Novo Reino, há referências a classes organizadas, em centros administrativos e militares. Esse ensino leigo, ou seja, desvinculado dos templos, era paralelo àquele ministrado nas chamadas "Escolas da Vida", as quais eram filiadas às instituições religiosas, basicamente formadoras de sacerdotes.

Entre os aprendizes de hieroglifos, encontramos jovens da família real, filhos de altos funcionários e de outros segmentos sociais, não necessariamente dos mais altos. Até um menino de família humilde poderia tornar-se escriba se o pai pudesse mandá-lo à Escola ou encontrasse um rico patrocinador.

Geralmente, os estudantes eram aceitos com a idade entre cinco e dez anos. Eles tinham de aprender a ler e a escrever na forma hierática, cursiva, para os registros diários; e na formal, a hieroglífica. Mais tarde, era necessário aprender também o demótico, a outra grafia cursiva.

Os alunos escreviam, de pé ou sentados, com uma pequena esteira, onde apoiavam as paletas. Eles portavam alguns juncos, firmados nas orelhas, e já preparados para o uso imediato. Isso era parte do treinamento para o futuro exercício profissional. Como escribas, eles podiam trabalhar, muitas vezes, junto aos campos de cultivo e calcular o montante de grãos esperados para a próxima colheita, com base no número de sementes germinadas até aquele momento. Nessa empreitada, eles previam a fração correspondente a um décimo da produção de cada campo para os celeiros faraônicos, como uma espécie de imposto pelo uso da terra egípcia.

Os estudantes utilizavam diferentes materiais para os exercícios de cópia, como fragmentos de cerâmica e de pedra calcária, que os gregos denominaram *ostracas*, ou retalhos de couro e de linho. Este último era, em geral, reservado para os textos funerários. Raramente usavam papiros para rabisco devido ao preparo oneroso e demorado, que o indicava para os registros definitivos. A própria palavra designativa desse material *per-aa* é um indício de sua valia, significando, em língua egípcia, "material do faraó".

A importância histórica dessa substância pode ser comprovada se pensarmos que sua designação está na origem da palavra "papel", na língua latina, muito embora a invenção do papel, propriamente dito, a partir de fibras ou de madeira, seja dos chineses.

Os escribas eram os protegidos de Renenutet, a deusa da abundância. Por um texto em especial, conhecido como a "Sátira dos Ofícios", podemos resgatar a grande valorização, dada à época, para a profissão.

A formação profissional do escriba era lenta e difícil; o método de ensino fundamentava-se em copiar e repetir. Os antigos egípcios, como vimos, não tinham a vantagem de um sistema de escrita totalmente alfabético. Para poder escrever fluentemente, um aprendiz necessitava aprender centenas de sinais representando sons, combinações de sons ou ideias. O número mínimo de sinais hieroglíficos necessários para escrever frases simples girava em torno de duzentos.

Foi encontrada uma lista de sinais usados por um jovem escolar egípcio: são mais de quatrocentos e cinquenta caracteres. Num estágio mais avançado, o jovem provavelmente teria necessitado de cerca de setecentos sinais. Finalmente, um escriba competente deveria saber muitas centenas a mais.

A grafia hieroglífica também era decorativa, fato que dava liberdade ao escriba para escolher, em paredes, estelas ou papiros, o local do texto e das ilustrações. Ele podia fazer as inscrições em linhas horizontais ou em colunas verticais e de cima para baixo. Nas duas formas, em linhas ou em colunas, os sinais individuais podiam ser escritos tanto da direita para a esquerda como da esquerda para a direita.

Os escribas costumavam observar a simetria na composição dos textos, ou seja, uma harmonia por meio de combinações regulares. Por exemplo, a mesma inscrição era, geralmente, escrita em cada lado de um pórtico. Para manter o equilíbrio entre elas, os hieroglifos do lado esquerdo eram escritos olhando o meio da porta, e os do lado direito, da mesma forma. Em síntese, as inscrições eram idênticas ao olhar, exceto que os signos do lado direito do centro eram lidos da esquerda para a direita, e aqueles do lado esquerdo eram lidos da direita para a esquerda.

Imaginamos que os estudantes tinham de memorizar normas básicas, porém não sabemos como, na época, elas eram ensinadas. Atualmente, os egiptólogos costumam dividir o aprendizado dos hieroglifos em um número "x" de lições. Cada uma exige a memorização de um glossário, ou seja, de um vocabulário que explique as palavras necessárias para os exercícios de fixação da aprendizagem.

Os substantivos na escrita egípcia, que designam a própria substância de um ser real ou abstrato, tinham dois gêneros: feminino e masculino. As palavras femininas terminavam com a imagem de um pão que, naquele alfabeto, representava o som da letra "t" do alfabeto latino. Os substantivos sem o "t" ao final dos hieroglifos eram geralmente masculinos.

O plural de uma palavra, para os egípcios antigos, era indicado de duas maneiras. A primeira era simplesmente repetir três vezes a mesma figura. A segunda era acompanhar a imagem com pequenas barras, artisticamente colocadas próximas do objeto que deveria ser entendido no coletivo, conforme desejo do escriba (quadro 6).

Os antigos egípcios criaram dois tipos de pronomes, as palavras que substituem os substantivos e que possuem, ainda, as funções de adjetivos possessivos. De um lado, os sufixos que apareciam associados a um substantivo, como, no singular, eu; meu; você, seu; ele, ela, seu; e, no plural, nós, nossos; vós, vossos; eles, deles (quadro 4).

De outro, os pronomes dependentes, que não precisavam ficar tão ligados a uma palavra precedente, mas que nunca iniciavam uma frase, como, no singular, me, vós, dele; e, no plural, nós, vós, deles.

Os adjetivos, nessa escrita, isto é, as palavras para caracterizar seres ou objetos nomeados pelos substantivos, indicando-lhes qualidade, caráter, modo de ser ou estado, seguiam os substantivos que descreviam e concordavam com eles, em gênero e número.

Os verbos, que nos indicam o que alguma coisa ou alguém está fazendo, eram, na escrita hieroglífica, mais difíceis de serem entendidos do que na escrita latina. Nós dividimos esses vocábulos em três tempos: o presente, o passado e o futuro. Os antigos egípcios não deixavam essa divisão tão clara. Os escribas precisavam compor e, logicamente, ler e entender o tempo de um verbo pelo contexto em que estava inserido. Ajudava-os apenas o fato de geralmente os verbos precederem os sujeitos e iniciarem as frases.

Havia no mínimo dez preposições que indicavam relações entre substantivos ou pronomes ou outras palavras de uma frase. As mais comuns eram representadas pela letra "m", significando *em, dentro, de, com*; e pela letra "r", significando *para, em direção, contra* (quadro 4).

Entre as atividades básicas de um escriba estava o registro de somas. Eles inventaram palavras para indicar quantidades de pessoas ou coisas, ou lugar que elas ocupavam numa série. Escolheram figuras diferenciadas para a função dos nossos números cardinais, que designam uma quantidade absoluta: 1, 10, 100, 1.000, 10.000, 100.000, 1.000.000. Os valores maiores eram escritos em frente aos menores (quadro 5).

Além dos registros, de cunho administrativo, os escribas faziam o lançamento dos fatos em cerimônias eminentemente políticas. O rei, pelo seu relevante papel social, era muito mais valorizado naquela sociedade do que em outras comunidades contemporâneas. No Egito, o faraó era considerado o deus vivo. Ele simbolizava o equilíbrio, a paz e a existência do Egito e dos egípcios.

Quando um faraó morria, todos temiam a vinda de novo período de caos, como o primordial, e a perda do mundo ordenado, criado a partir da união das terras do Alto e do Baixo Egito. Nesses momentos de pânico coletivo, cabia aos escribas, por meio do registro de nomes e de passagens da vida do faraó morto, feito na tumba, em objetos ou em papiros, garantir a imortalidade do soberano.

A atividade do escriba também era vital nas cerimônias de entronização do faraó sucessor, quando lhe cabia escrever, um sem-número de vezes, em monumentos e em outros tantos objetos, os nomes do novo rei.

A formação de um escriba exigia, portanto, que ele soubesse registrar corretamente as designações possíveis de um faraó.

A sucessão para o trono do Egito geralmente era feita pela linha feminina: o nascimento divino do faraó era essencial para manter seu direito real como Filho de Rá, o deus Sol. A grande maioria dos reis sucedeu-se no trono por nascimento ou com o casamento com uma rainha herdeira. Em poucos casos houve rainhas que reinassem por elas mesmas. Uma nova dinastia era, algumas vezes, iniciada por um usurpador do trono.

Muitos reis tiveram cinco nomes. O primeiro era o nome de Hórus, que o faraó portava como representante terreno do grande deus Sol Hórus. O nome era colocado dentro de uma moldura retangular denominada *serekh*, precedida por um falcão, o símbolo de Hórus.

O segundo, o nome das Duas Senhoras, representando a sua aceitação como o senhor do Alto e do Baixo Egito pelos dois deuses – o abutre do Alto Egito e a deusa cobra do Baixo Egito.

O terceiro, o nome de Hórus Dourado, representando o ouro, como o deus Hórus. Os títulos que seguiam a cada um dos nomes citados acima eram epítetos, isto é, palavras que qualificavam a posição do rei como deus.

Os outros dois nomes referiam-se ao rei e ficavam contidos cada um em um cartucho separado, ovalado, com uma barra vertical em um dos lados. A imagem representa um nó de cordão duplo, com um laço, o qual pode simbolizar todo o poder do faraó, segundo alguns egiptólogos, como o ciclo solar. Veja-se, por exemplo, os nomes de Cleópatra e de Tutmés (quadro 3).

O primeiro cartucho, com o *Prenomen* ou o nome de trono, geralmente continha uma declaração sobre o deus Sol Rá, algumas vezes com outros epítetos. Era precedido pelo título de "Rei do Alto e do Baixo Egito".

O segundo cartucho, denominado *Nomen*, continha o nome de nascimento ou de família do rei, o qual foi, algumas vezes, precedido pelo epíteto e título de "Filho de Rá".

O uso rotineiro dos dois nomes nos cartuchos começou depois da IV dinastia; antes disso, o rei era representado mormente com o nome de Hórus. Como alguns faraós escolhiam o mesmo nome de seus predecessores, foram necessários dois cartuchos, com o prenome e o nome para melhor identificá-los.

Os escribas precisavam aprender uma regra fundamental para ler e escrever os cartuchos, atualmente denominada *transposição honorífica*. Isto é, nos cartuchos em que o nome do rei era formado com o de um deus, este era sempre escrito em primeiro lugar, mesmo que, em algumas vezes, fosse pronunciado no final do nome. O nome do faraó Tutmés (Thot-m-s), por exemplo, casualmente inicia com o nome do deus Thoth, mas ainda que ele se chamasse Mesthoth, o seu nome seria escrito com o nome do deus no começo.

É importante lembrar que os escribas acreditavam que os deuses eram os inspiradores das formas e dos instrumentos de sua arte. Nesse sentido, estavam cientes de que lhes coubera apenas a execução de concepções divinas, e de que sua missão era preservar aquelas ideias e segui-las, desde tempos imemoriais. Eles acreditavam que o deus Thoth supervisionava permanentemente o trabalho dos escribas e que, se registrassem inverdades, seriam castigados com severidade.

No próximo capítulo, leremos alguns textos que egiptólogos, ao longo dos últimos dois séculos, transliteraram das antigas grafias para as modernas. Por esses textos, entenderemos que os egípcios, como nós, eram ambivalentes no uso da coerção e do amor, nas suas relações pessoais e de trabalho.

MORAL E EROTISMO EM PROSA E VERSO

A escrita no antigo Egito foi mais que uma maneira prática de registrar dados. Ela permitiu aos escribas comunicar ideias e valores de seu cotidiano. É nesse sentido que entendemos a existência de uma "literatura" egípcia.

As formas de expressão que eles usaram foram basicamente duas: a prosa, conversa que narra uma história; e o verso, a maneira poética de expor algo.

Os egiptólogos costumam classificar a literatura egípcia de acordo com os temas e com a fase da linguagem a qual pertenceram.

Eles instituíram três fases para ela, a literatura do antigo Egito (dinastias I a VIII, 3100-2160 a.C.), do médio Egito (dinastias IX a XVIII, 2160-1380 a.C.) e do Egito Tardio (dinastias XVIII a XXIV, 1380-715 a.C.). A literatura do Médio Egito é considerada a fase mais importante, adotada como modelo pelas dinastias XXV e XXVI (747-525 a.C.).

Neste capítulo vamos perscrutar a moral que os egípcios colocavam nos textos, as normas e os costumes que consideravam honestos. E o erotismo, entendido como os aspectos sensuais, alegres e desregrados de suas vivências.

Há muitas passagens da literatura egípcia que poderiam ilustrar esse assunto. Apontamos primeiro para "As instruções de Ptahotep", com suas regras para obter um relacionamento bom na vida profissional e na afetiva.

O autor, vizir e principal escriba do faraó Isesi, da dinastia IV, inicia o texto dizendo que está velho para o trabalho. Seus olhos estão cansados, os ouvidos não ouvem mais e o corpo dói.

Como o filho deve sucedê-lo no ofício junto ao faraó, ensina-lhe as principais virtudes humanas que um escriba deve cultivar.

A humildade é, nas palavras do velho egípcio, a mais importante. Todos os homens têm boas qualidades, por isso é preciso buscar aconselhamento junto a sábios e ignorantes.

O autocontrole, a virtude louvada a seguir, é importante no confronto com um adversário poderoso, um ignorante ou um zombador. Se ele for do mesmo nível, o valor do escriba discreto se imporá pelo seu silêncio, que propiciará reconhecimento profissional.

Fazer sempre a justiça é um procedimento a ser ensinado pelo exemplo, não pelo discurso.

O pensamento de que um fruto nunca cai longe da árvore pode

ser daqueles tempos, pois Ptahotep tranquiliza seu filho de que um homem de valor vai gerar descendentes parecidos. Entretanto adverte que, se alguém da prole for maligno, deve ser punido.

Se de um lado o velho sábio estimula e valoriza bens materiais, de outro ele diz que "a riqueza não é boa se a pessoa é triste".

Para conservar relações fraternais, Ptahotep julga fundamental a um homem manter distância das mulheres que cercam os amigos. E não cobiçar coisas deles. Esse sentimento é como uma penosa doença. Não há tratamento para ela e a sua malignidade atinge pais, mães, filhos e separa a esposa do marido.

Um homem, quando prospera deve ajudar seus parentes, amar com ardor a mulher, encher sua barriga, vestir suas costas e dar-lhe óleos para amaciar o corpo. Se ele alegrar sua vida, ela será para ele como um campo fértil.

O homem deve sua riqueza a Deus, deve usá-la para manter seus amigos. Se fracassar nisso, é egoísta. Será cercado por pessoas de barriga vazia, que se tornam seus oponentes.

Aquele que é generoso ganha respeito pela doçura de seu discurso, não provoca problemas e apenas comanda quando isso é necessário.

Como discernir entre uma acusação falsa e uma verdadeira? Ptahotep diz que essa dúvida é parte da atividade do escriba.

Se um pai ensinar seu filho a ser bom ouvinte, ele aprenderá a distinguir os argumentos falsos e os verdadeiros.

A atualidade dos conselhos de Ptahotep é impressionante. Ele expõe ao filho como qualquer genitor consciente, na atualidade, os segredos da vida. Aconselha-o a não se imiscuir em problemas pessoais ou profissionais fora de suas funções: a viver e a deixar viver...

Exemplificaremos, a seguir, a moral, por meio de um texto intitulado "Instruções de Any", da XVIII dinastia. Seu autor se apresenta como um homem comum: com poucas posses e uma educação mediana.

Os conselhos de Any sobre como um homem deve conduzir o seu relacionamento com as mulheres têm ressonância ainda hoje. Ele diz ao filho que deve "tomar uma mulher" enquanto é jovem, quando tem tudo para ser amado. Ter filhos, pois um homem é saudado conforme a sua prole.

Quando tiver filhos, deve cuidar diariamente para que nunca amaldiçoem seus genitores.

Deve ter cuidado com as mulheres estranhas na cidade. Não fixá-las, nem conhecê-las carnalmente. Uma mulher longe do marido é como um rio de águas profundas, cujo curso é desconhecido.

Any busca valorizar o papel materno, aconselhando o filho a retribuir, em dobro, a comida que sua mãe lhe dera. Lembra que ela o carregara na sua canga, alguns meses depois de ter nascido, quando ele já era um fardo pesado. Amamentara-o por três anos e o limpara, mesmo quando seus excrementos ficaram nojentos. Ela o mandara à escola para aprender a ler e a escrever. Vigiara diariamente os deveres. Sempre fornecera o pão e a cerveja necessários.

Finalmente, Any instrui seu filho para não controlar a sua mulher em casa, quando ele sabe que ela é eficiente. Nunca pergunte a ela: "Onde está isto?", quando ela o havia colocado no lugar certo. Deve observar sua habilidade e sentir felicidade quando sua mãe está com ela. Há muitos homens que não conhecem isso.

Seu conselho final é muito significativo: "Se um homem desiste de lutar em casa, ele não encontrará o seu começo...". Todo homem que funda uma família deve deixar para trás o coração impetuoso, não ir atrás de nenhuma mulher...

Um dos aspectos mais interessantes desse texto é que o filho, sempre silencioso nos outros textos do mesmo gênero, neste insurge-se contra tantas normas morais. Ele acha difícil seguir todos os conselhos.

Se tais normas de conduta eram ouvidas e seguidas por famílias egípcias, isto não significa que todas as mulheres fossem dignas de um tratamento assim carinhoso e respeitoso.

A literatura egípcia tem inúmeros textos onde a mulher é vista como um ser lamentável no que tange à conduta moral.

O "Conto de Webaoner", escrito em cerca de 1500 a.C., nos fala de um caso de adultério feminino, sua descoberta e seu castigo. Extremamente moralista, o conto deixa entrever também alguns elementos que compunham o cenário do prazer erótico para os antigos egípcios. Vejamos o que conta.

Webaoner, principal sacerdote do Templo do Deus Ptah, em Mênfis, tinha uma mulher, que estava de amores com um homem da cidade e que com ele mantinha contatos por meio de uma serva. A mulher enviou a esse homem uma caixa de roupas como presente e, um dia, ele veio com a serva.

Depois de passados muitos dias, o homem da cidade disse para a mulher de Webaoner: "Ouça, há aqui uma casa de lazer no lago. Vamos e deixemo-nos passar algum tempo lá".

A mulher de Webaoner ordenou ao criado, encarregado do lago, o seguinte: "Deixe a casa de prazer ser provida". Então, ela foi lá e passou o dia bebendo com o homem da cidade até que o Sol se pôs. Quando o lusco-fusco chegou, ele desceu para o lago, e o servo ajudou-o a tomar banho.

Na manhã seguinte, o criado contou o incidente para seu senhor. "Pegue em meu (instrumento?) de ébano e ouro, disse Webaoner, e com isso ele modelou um crocodilo de cera que era de sete palmos de comprimento. Ele recitou uma reza sobre ele:

"Quem quer que venha banhar-se no meu lago, pegue-o!"

Webaoner deu o crocodilo ao criado, dizendo:

"Quando o homem da cidade for até o lago, como costuma fazer todos os dias, atire o crocodilo na água depois dele."

Mais tarde, a mulher de Webaoner chamou pelo criado, dizendo:

"Deixe a casa de prazer no lago ser provida, porque eu quero ir lá."

E a casa do lago foi provida com coisas boas. Então, ela foi e passou o dia feliz com o homem da cidade.

Quando o lusco-fusco chegou, o homem da cidade, como costumava fazer todo dia, foi para o lago. O criado jogou o crocodilo de cera no lago, que cresceu sete côvados (antiga medida de comprimento) e pegou o homem da cidade...

Weaboner ficou por sete dias no templo de Ptah e, nesse meio tempo, o homem da cidade estava na água sem respirar. Quando os sete dias tinham passado, Webaoner disse para o faraó Nebka: "Possa sua Majestade olhar o portento que tem acontecido nos dias de sua Majestade".

O faraó foi com ele, e Webaoner chamou o crocodilo e disse:

"Traga-nos o homem da cidade!"

O crocodilo foi imediatamente e trouxe-o.

"Que crocodilo terrível!", exclamou o faraó.

Mas Webaoner caminhou para baixo e pegou-o, e o animal tornou-se um crocodilo de cera na sua mão.

O principal sacerdote relatou para o faraó o que o homem da cidade tinha feito, na sua casa, com a mulher. E sua Majestade disse para o crocodilo:

"Pegue o que é seu!"

O crocodilo então desapareceu nas profundezas da água (com o homem da cidade) e ninguém mais soube dele.

O faraó deixou a mulher de Webaoner ser levada para o campo ao norte do palácio e lá pôs fogo nela, jogando suas cinzas no rio.

O texto se refere ao homem da cidade apenas dessa forma, sem indicar seu nome, o mesmo fazendo em relação à mulher de Webaoner. Qual o significado desse silêncio? Está relacionado com o sentido mágico que os egípcios atribuíam à escrita? Desejavam eliminar os dois da existência, omitindo seus nomes? Em contraposição, o nome de Webaoner é diversas vezes explícito. É muito evidente o papel estabelecido pelo autor do texto para os dois amantes como principal referencial de formas de agir: a mulher, infringindo códigos de conduta familiares, ao puxar contato com alguém de fora do seu espaço privado; "o homem da cidade", oriundo de local diferente, agindo desqualificadamente fora do seu meio.

Vimos que lugares aprazíveis, isolados, providos de coisas boas, como lagos para nadar, comidas e bebidas fazem parte do ambiente do amor erótico.

Pelo poema a seguir, veremos que a figura do parceiro, naquela época como hoje, era parte importante no jogo amoroso.

> Que maravilhoso, meu amor,
> ir com você ao rio.
> Eu espero por este momento
> quando você pede que eu me banhe aos seus olhos.
>
> Eu mergulharei na água
> e virei à tona segurando um peixe vermelho
> Ele estará feliz entre os meus dedos.
> Eu vou deitá-lo entre os meus seios.

Outros exemplos do mesmo teor podem ser encontrados no denominado *papiro de Chester Beatty*, composto por lindos poemas de amor. Nele, os versos dos amantes revelam a inquietude de seus corações, com a presença ou ausência dos seus amores. Descrevem a dificuldade de agir sensatamente, quando a vontade que têm é largarem seus deveres para estar um com o outro.

Há inúmeros textos na literatura egípcia que mostram a moral a ser seguida. É possível que muitos deles tenham sido usados nas Escolas da Vida pelos jovens que aprendiam a ser escribas para os seus exercícios de cópia. Com eles, os aprendizes memorizavam não apenas os hieroglifos, mas também os valores morais das mensagens que portavam.

A prosa e a poesia amorosa referem-se ao lado mais íntimo da literatura, no qual o sentimento é expressado mais livremente. Erotismo e prazer fazem parte do universo moral dos egípcios antigos – é o que transmitem, simplesmente.

Os exemplos apresentados evidenciam o papel fundamental da literatura. Ela serviu para mostrar as ideias e os valores do cotidiano egípcio.

INDICAÇÕES PARA LEITURA

A mais contributiva leitura, em língua portuguesa, sobre os hieroglifos, foi publicada recentemente por Ciro Flamarion Cardoso, no seu livro: *Sete olhares sobre a Antiguidade*, Brasília, Ed. da Universidade de Brasília, 1994. Em especial, o artigo intitulado "Ideologia e literatura no antigo Egito: o Conto de Sanehet" é uma tradução pessoal e erudita do autor, de grande auxílio para os estudiosos.

Em língua inglesa, o livro de *sir* Alan Gardiner, *Egyptian Grammar*, Oxford, Griffith Museum, 1982, é um clássico para o aprendizado da escrita hieroglífica.

Um dicionário importante e clássico é o de Raymond O. Faulkner, *A concise dictionary of Middle Egyptian*, Oxford, Griffith Institute-University Press, 1976.

Para uma iniciação com metodologia mais moderna e objetiva, existem vários manuais, como W. V. Davies, *Egyptian Hieroglyphs*, London, British Museum Publications, 1987; H. Wilson, *Understanding Hieroglyphs*, London, Butler and Tanner, 1993; B. Watterson, *Introducing Egyptian Hieroglyphs*, Edinburgh, Scottish Academic Press, 1982.

Existe um grande número de livros disponíveis sobre a literatura egípcia. Os três volumes de M. Lichteim, *Ancient Egyptian Literature*, Berkeley, University of California Press, 1976, constituem o clássico nessa área do conhecimento. Muito úteis e práticas são as seguintes obras: R. B. Parkinson, *Voices from Ancient Egypt*, London, British Museum Press, 1991; S. Williams, *Egyptian Legends and Stories*, London, The Rubicon Press, 1988; E. Bresciani, *Letteratura e poesia del'antico Egitto*, Torino, Giulio Einaudi, 1990.

Por unir interpretação dos hieroglifos com arte, antropologia e história, são de agradável leitura e informação os seguintes livros: R. Wilkinson, *Reading Egyptian Art*, London, Thames & Hudson, 1992; *Symbol & magic in Egyptian Art*, Thames & Hudson, 1994; e E. Strouhal, *Life of the Ancient Egyptians*, Norman, Oklahoma Press, 1992.

APÊNDICE

O que são hieroglifos 57

QUADRO 1 – CARACTERES
CARACTERES PARA OS SONS BÁSICOS

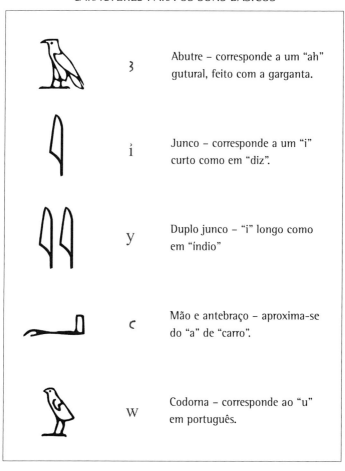

🦅	ꜣ	Abutre – corresponde a um "ah" gutural, feito com a garganta.
𓇋	i	Junco – corresponde a um "i" curto como em "diz".
𓇌	y	Duplo junco – "i" longo como em "índio"
𓂝	ꜥ	Mão e antebraço – aproxima-se do "a" de "carro".
🐦	w	Codorna – corresponde ao "u" em português.

CARACTERES E OS SONS SEMELHANTES ÀS CONSOANTES LATINAS

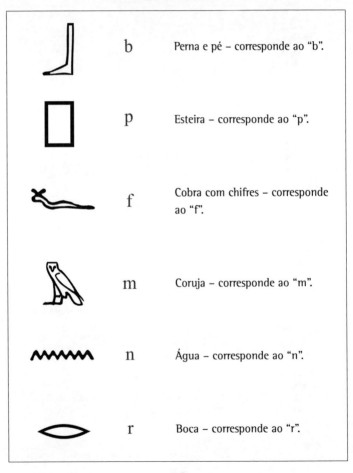

	b	Perna e pé – corresponde ao "b".
	p	Esteira – corresponde ao "p".
	f	Cobra com chifres – corresponde ao "f".
	m	Coruja – corresponde ao "m".
	n	Água – corresponde ao "n".
	r	Boca – corresponde ao "r".

⌐	h	Abrigo de junco visto de cima – corresponde a um "h" aspirado.
⁂	ḥ	Fibra de linho torcida – relativo a um "h" muito mais aspirado.
⊖	ḫ	Placenta – corresponde a um "kh" gutural.
⬯	ḫ̠	Barriga de animal com tetas – corresponde ao alemão "ich".
∫	s	Pano dobrado – corresponde ao "s".
⊶	z	Cinto – corresponde ao "z".
▭	š	Pequeno lago – corresponde ao "sh".

◁	ḳ	Encosta – corresponde ao "qu", como em "quanto".
⌒	k	Cesta com alça – corresponde ao "c", como em "casa".
⌂	g	Suporte para jarro – corresponde ao "g", como em "gato".
◠	t	Pão – corresponde ao "t".
∞	ṯ	Cabo – corresponde ao "tch", como em "tchê".
☞	d	Mão - corresponde ao "d".
🐍	ḏ	Cobra – corresponde ao "dj", como em "djavan".

QUADRO 2 – COMPOSIÇÃO
COMPOSIÇÃO COM HIEROGLIFOS

COMPOSIÇÃO COM DETERMINATIVOS

Para caminhar:

Para céu:

Para violência:

QUADRO 3 – NOME DOS FARAÓS

CLEÓPATRA

C = ◁   A = 🦅

L = 𓃭   T = ⬭

E = ▯   R = ⬭

Ó = ⟟   A = 🦅

P = ▢

TUTMÉS

Thot =

M =

S =

QUADRO 4 – GRAMÁTICA

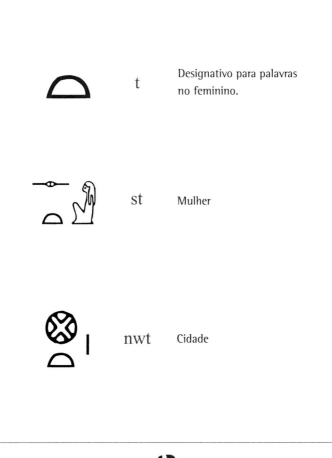

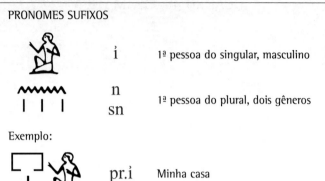

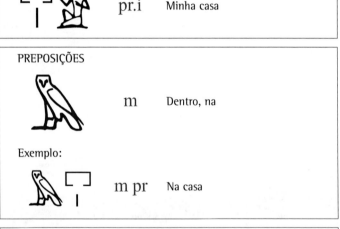

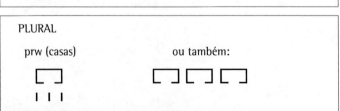

QUADRO 5 – NÚMEROS CARDINAIS

|	wˤ	1
∩	mdw	10
ℓ	št	100
𓆼	ḫꜣ	1.000
𓂭	ḏbˤ	10.000
𓆐	ḥfnw	100.000
𓁨	ḥḥ	1.000.000

Exemplos:

19 = ∩ |||
       |||
       |||

1996 = 𓆼 ℓℓℓℓ ℓ ∩∩∩∩ ∩ |||
         ℓℓℓℓ   ∩∩∩∩ |||

QUADRO 6 – SENTIDO DA LEITURA

O escriba está em casa.

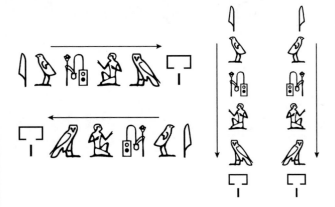

Egito (terra preta)

kmt

CADERNO DE IMAGENS

Baixo-relevo com cartucho de Cleópatra - Kom Ombo.

Cartucho de Alexandre, o Grande, em Kom Ombo.

Oferendas no templo de Ptolomeu II Filopator, em Edfu.

Os dois cartuchos de Ramsés II - Karnak.

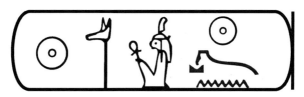

Nome de nascimento mais epíteto. Ramsés, amado de Amon.

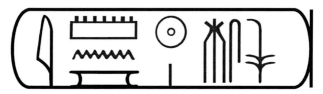

A justiça de Rá é poderosa. Escolhida de Rá.

Cartucho de Ramsés II, em Abu Simbel.

Dois deuses egípcios, em Kom Ombo – Hórus e Sobek.

Baixo-relevo com cartucho de Hatshepsut – Luxor.

O que são hieroglifos 79

Cartucho de Hatshepsut.

Cartucho de Ramsés III – Medinet Habu.

O que são hieroglifos 81

Cartucho de Ramsés III, em Medinet Habu.

Ver página ao lado.

Os dois cartuchos de Amenófis III, em Edfu.

O que são hieroglifos 83

Nome do trono.
O senhor da verdade é Rá.

Nome de nascimento mais epíteto. Amon está feliz. Governante de Tebas.

A palavra escriba gravada no Templo de Edfu.

O que são hieroglifos 85

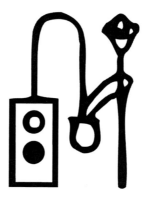

Determinativo de escriba.

Cartucho de Amenófis III, em Edfu.

Sobre a autora

Nasci em uma cidade pequena do Rio Grande do Sul: Jaguari, em 1946. Com quatro anos, vim para Porto Alegre. Aqui fiz os estudos fundamentais e me graduei em História, na Universidade Federal do Rio Grande do Sul.

Casei e tive dois filhos. Convivo com esse núcleo, muito feliz e agradecida por compreenderem a minha dedicação à História, meu primeiro amor.

A seguir, vivi por um ano em Cambridge, Inglaterra, onde fiz especialização em História.

O meu curso de mestrado foi na Pontifícia Universidade Católica, o primeiro no estado do Rio Grande do Sul. Para a elaboração da dissertação de mestrado, pesquisei, a partir da abolição da escravatura, a história sul-riograndense ao longo do século XIX.

O doutorado fiz na USP, em História Econômica. Para a tese, voltei aos arquivos do meu estado, para privilegiar um fato *sui generis* de continuísmo político, ocorrido no decorrer da primeira metade do século XX: a permanência, ao longo de quarenta anos, de apenas três chefes municipais no governo de Porto Alegre.

Paralelamente a essa formação acadêmica, sempre fui professora e estudei com fascínio os períodos mais remotos da história da humanidade.

Em 1976, lecionei pela primeira vez História Antiga, na Pontifícia Universidade Católica do Rio Grande do Sul, onde trabalho atualmente.

Para o pós-doutorado fui a Londres, como bolsista do CNPq. No University College, aperfeiçoei minha formação em história do Egito, enriquecendo-a com o aprendizado da escrita hieroglífica, na City University.

A proposta deste livro é dividir com vocês a cativante aventura de ler e de escrever os hieroglifos, os caracteres que compõem a escrita mais bonita do mundo.